L'ÉCOLE
DE LA RÉFORME SOCIALE

PAR

LE R. P. RAMIÈRE, S. J.

PREMIÈRE PARTIE

LA MÉTHODE DE L'ÉCOLE

ET LES MENSONGES DE LA RÉVOLUTION

> Tâchez de savoir, par les habitants les plus honorables, les inclinations du peuple, les coutumes du pays, la forme du gouvernement, les opinions et tout ce qui touche à la vie civile...
>
> (Saint François Xavier.)

PRIX : **30** CENTIMES

TOURS

ALFRED MAME ET FILS, LIBRAIRES-ÉDITEURS

PARIS, DENTU, LIBRAIRE

PALAIS-ROYAL, 19, GALERIE D'ORLÉANS

Juin 1875

SOMMAIRE

—

PREMIÈRE PARTIE

LA MÉTHODE DE L'ÉCOLE ET LES MENSONGES DE LA RÉVOLUTION

AVERTISSEMENT

Un admirable mouvement de résurrection catholique se manifeste sur tous les points de la France. Nos malheurs ont éclairé les uns, doublé l'énergie et le dévouement des autres, et ramené dans la classe que l'on nomme « dirigeante », mais qui ne dirigeait plus, l'idée de l'initiative personnelle et pratique. A côté des *Comités catholiques,* des congrès pour l'*Union des œuvres ouvrières,* ne faut-il pas signaler au premier rang cette association nouvelle, l'*Œuvre des Cercles catholiques d'ouvriers,* à laquelle, en moins de trois années, la foi, le courage et l'éloquence de ses fondateurs ont acquis une renommée si légitime.

Mais, à mesure que se développent les efforts tentés pour ramener la paix sociale, l'expérience des faits nous amène à mieux constater les obstacles derrière lesquels se dérobe la source du mal, puissante et inattaquée. Aussi, suivant un avis de saint François Xavier, auquel est empruntée notre épigraphe, croyons-nous nécessaire pour les catholiques d'étudier, par l'observation des sociétés prospères, les bases naturelles et les coutumes traditionnelles, sans lesquelles, dans la famille comme dans l'atelier, comme dans la société tout entière, on ne fonde rien de durable.

Le but de la Révolution a été de les détruire. Elle y a réussi autant dans les idées que dans les faits. Et son action s'est tellement étendue que les meilleurs esprits en ont comme perdu la notion des vrais principes. Il nous faut travailler à les rétablir, même parmi nous, qui, ennemis de la Révolution, gardons à notre insu plus d'une erreur révolutionnaire. Autrement, ne nous étonnons plus de voir perpétuellement entravée, pour ne pas dire annulée, cette somme admirable de zèle et de dévouement que les catholiques emploient au service de la classe ouvrière.

A cet égard, les enseignements fournis depuis vingt années par l'auteur de *la Réforme sociale* acquièrent chaque jour plus d'autorité. « Un grand nombre d'écrivains catholiques, « après Joseph de Maistre, dit le P. Ramière, « ont prouvé la fausseté des principes de la « Révolution ; mais nul n'en a démontré la « désastreuse influence avec plus de force que

« M. Le Play... [1] Les catholiques seraient mal
« avisés, ajoute-t-il, s'ils ne recueillaient pas
« avec empressement ce témoignage ; mais ils
« peuvent faire mieux encore : qu'ils pren-
« nent part à une enquête dont le résultat doit
« être aussi utile à la religion qu'à la société,
« en coopérant à la divulgation de faits qui
« apportent à notre croyance une puissante
« confirmation [2] .»

Ces lignes suffisent à dire le motif qui nous
fait reproduire ici l'une des plus remarquables
études du P. Ramière [3]. La haute autorité qui
s'attache au nom et aux travaux du savant
jésuite, l'attrait de son style, la sûreté de sa
doctrine nous sont garants de l'intérêt respec-
tueux avec lequel ces pages seront accueillies.

Robert DUFRESNE.

Janval-Dieppe, 1er juin 1875.

1 *L'École de la Réforme sociale*, p. 11. = 2 *Ibid.*, p. 30. =
3 *Études religieuses, philosophiques et littéraires*, par des Pères
de la Compagnie de Jésus ; nos de mai et juin 1873. — Cette
publication est faite avec l'autorisation de l'auteur, qui a bien
voulu revoir à cette intention son travail, et même y ajouter
quelques lignes pour en préciser encore mieux le but.

(*Note de l'Éditeur.*)

L'ÉCOLE
DE LA RÉFORME SOCIALE

§ I. ORIGINE ET TENDANCE DE CETTE ÉCOLE

Dans un travail publié précédemment[1], nous avons appelé l'attention de nos lecteurs sur un commencement de réaction contre les doctrines révolutionnaires, qui se produit dans le milieu où nous l'aurions le moins attendu. La barbarie que ces doctrines, en supprimant le droit chrétien, ont introduite dans les rapports mutuels des peuples est hautement flétrie par des hommes nés dans le protestantisme, mais que l'amour de la justice a mis au-dessus des préjugés vulgaires. Nous avons entendu ces étrangers, plus équitables envers l'Église catholique qu'un grand nombre de ses enfants, appeler de tous leurs vœux le rétablissement de son

---

[1] *L'École du droit des gens,* brochure in-8º; chez Albanel, à Paris, et chez Lecoffre, à Lyon, tiré des *Études religieuses* (janvier 1873). Prix : 50 cent.

autorité sociale, seule garantie efficace du droit des gens.

Mais il n'est pas besoin de franchir nos frontières pour signaler d'énergiques protestations contre l'erreur dominante. Voici, en France même, d'autres hommes qui, après s'être longtemps appliqués à l'étude des questions sociales, rendent contre la Révolution un témoignage d'autant plus décisif qu'il est plus évidemment impartial. Ils lui prouvent par des faits irrécusables qu'elle n'a pas introduit dans la famille, dans l'atelier, dans la commune et dans l'État, une barbarie moins désastreuse que dans les relations mutuelles des peuples; et, cédant à la force de la vérité, ils proclament que le rétablissement de la loi divine, seul moyen de ramener l'ordre dans la société des nations, est aussi le moyen unique et indispensable de faire renaître au sein de chaque peuple la paix et la prospérité.

Cet appel à la religion, ce cri de détresse arraché à la raison par l'immensité des désastres, ne sort pas des lèvres de quelques individus isolés : il est redit par toute une école, qui acquiert chaque jour une autorité plus grande, et recrute dans les rangs les plus élevés de la société de chaleureux adhérents.

Ce retour des esprits d'élite nous fournit un

solide motif d'espérance, sur lequel il est doux de fixer nos regards, au moment où l'aveugle entraînement des masses nous attriste et nous épouvante. Il ne faut pas que la gravité du mal nous empêche de reconnaître la réalité du bien. A considérer le nombre et la force brutale, la Révolution est plus puissante que jamais; mais, au point de vue des idées et de la force morale, elle a déjà perdu une grande partie de son prestige. De l'étude à laquelle nous les convions, nos lecteurs concluront avec nous que le règne de la Révolution ne saurait être de longue durée, à moins que les gens de bien ne se manquent à eux-mêmes, et que la crainte d'une défaite immédiate ne les empêche de préparer leur victoire définitive. Si, au lieu de s'abandonner à ce funeste découragement, ils aident de tout leur pouvoir la réaction qui a commencé dans la sphère des idées, il est impossible qu'elle ne finisse point par l'emporter dans la sphère des réalités matérielles. Le présent appartient aux faits; mais l'avenir est aux idées.

La seule existence de l'école de la réforme sociale est déjà un notable succès; car si quelque chose pouvait paraître difficile, c'était l'entreprise du fondateur de cette école, M. F. Le Play, qui, en 1848, au moment où la Révolution était victorieuse sur toute la ligne, osait conce-

voir la pensée de se mesurer contre l'ennemi.
On s'étonna de voir un homme sorti des écoles
publiques au plus fort de l'opposition antireli-
gieuse qui renversa la Restauration, et depuis,
mêlé, plus que tout autre, au mouvement in-
dustriel qui fait l'orgueil de notre siècle, se
séparer de la masse de ses contemporains, re-
monter le courant d'erreurs et de préjugés qui
entraînait les plus fiers esprits, et flétrir comme
des erreurs funestes les articles fondamentaux
du symbole révolutionnaire. Ce spectacle inat-
tendu n'excita d'abord que surprise et stupé-
faction. Les catholiques n'accueillirent pas sans
défiance ce nouveau venu dont la sincérité les
attirait, mais dont le point de départ était tout
différent du leur. Bien plus profonde fut la ré-
pulsion des prétendus libres penseurs, qui ne
conçoivent même pas la possibilité de révoquer
en doute les dogmes de la Révolution. Mais le
courageux promoteur de la réforme sociale ne
se laissa arrêter ni par les défiances ni par
l'hostilité. Pour prendre d'assaut la barricade
d'erreurs et de préjugés derrière laquelle se
retranchaient ses adversaires, il s'avançait
armé du moins suspect de tous les arguments,
de l'expérience. Sans blâmer ceux qui partent
des principes pour démontrer les théorèmes
sociaux, le chef de la nouvelle école s'était in-

terdit cette méthode, dont l'erreur abuse trop facilement. Quant à lui, il avait préféré prendre pour guide l'expérience. Durant vingt années de voyages dans tous les États de l'Europe et dans les contrées limitrophes de l'Asie, il avait recueilli une masse de faits; et, après les avoir dûment contrôlés, comparés et analysés, il en avait déduit la doctrine qu'il venait offrir à ses compatriotes.

Le résultat de cette longue et patiente enquête avait été tout différent de ce que M. Le Play lui-même prévoyait au début. A mesure qu'il avançait, il avait été contraint d'abandonner l'un après l'autre tous ses préjugés; en confrontant avec la réalité des choses les idées répandues par la Révolution, il en avait touché du doigt la fausseté et le danger. Plus il avait fouillé dans les ruines accumulées par le cataclysme du dernier siècle, plus il y avait découvert de grandes et utiles institutions fort mal remplacées par des constructions mesquines et sans solidité. C'est ainsi que, sans l'avoir voulu, il se trouvait amené à faire contre la Révolution un réquisitoire d'autant plus concluant que son auteur semblait moins préoccupé de conclure. Les éléments de ce réquisitoire sont répandus dans tous les ouvrages de M. Le Play. Les faits qui en forment la base sont relatés principalement dans les trente-six monographies des *Ouvriers européens*[1]. Les conséquences qui en ressortent sont exposées plus complétement dans la *Réforme sociale*[2], et sous une forme plus concise et peut-être plus saillante dans l'*Organisation du travail*[3]. En coordonnant ces différents éléments, et en poussant jusqu'au bout les conclusions de l'enquête poursuivie avec tant de constance et de sagacité par M. Le Play, nous n'aurons pas de peine à y trouver toute une réfutation de la grande hérésie de notre siècle. Un grand nombre d'écrivains catholiques, après Joseph de Maistre, ont prouvé la fausseté des principes de la Révolution; mais nul n'en a montré la désastreuse influence avec plus de force que M. Le Play. Très-différent de Joseph de Maistre par sa tournure d'esprit, par sa manière de penser et d'écrire, il a heureusement complété l'œuvre de ce grand penseur. Partis d'un point opposé de l'horizon, mais guidés par une sincérité égale, les deux écrivains se rencontrent dans des conclusions identiques; et cette même Révolution dont, à son origine, le voyant chrétien signalait le carac-

---

[1] Ouvrage couronné en 1856 par l'Académie des sciences de Paris, 1 vol. in-folio; Paris, Imprimerie impériale. Épuisé en 1856. = [2] Trois vol. in-12, 4ᵉ édition, chez Alfred Mame et fils, à Tours; à Paris, chez Dentu. Prix : 6 fr. = [3] Un vol. in-12, Mame et Dentu. Prix : 2 fr.

tère satanique et prophétisait les épouvantables ravages, l'observateur consciencieux, qui a étudié les résultats de son règne séculaire, nous la fait voir réalisant avec une inflexible rigueur les destinées qui lui avaient été prédites.

Là ne se borne pas l'œuvre de M. Le Play. Après avoir montré le mal, il indique le remède. Il demande à l'histoire par quelles voies les peuples déchus sont parvenus à se régénérer; car il proteste au nom du bon sens et de l'expérience contre la désolante théorie de la décrépitude fatale des peuples. Notre histoire nationale lui fournit à elle seule au moins deux grands exemples de régénération succédant à une décadence qui semblait irrémédiable. M. Le Play étudie l'encourageante leçon qui ressort de ces faits; et, sans contester que le mal ne soit, sous certains rapports, plus radical et plus universel qu'il ne l'a jamais été, il nous offre dans la prodigieuse rapidité avec laquelle la France s'est jadis relevée de ses chutes une garantie de la restauration qu'elle attend de notre énergie.

Ces deux parties de l'œuvre de M. Le Play sont dignes de fixer notre attention. Comme Français et comme catholiques, nous devons entendre l'appel d'un homme qui veut, comme nous, le salut de la France, et qui, comme nous, le demande au rétablissement des croyances chrétiennes. Nous examinerons donc successivement les désordres qu'il nous révèle et les moyens de réforme qu'il nous propose. Mais, avant d'entrer dans le fond de cette grave étude, il importe de nous faire une idée exacte de la méthode suivie par M. Le Play, et de la comparer à celle qui est usitée plus généralement dans les écoles catholiques.

§ II. MÉTHODE DE L'ÉCOLE DE LA RÉFORME SOCIALE

Nous l'avons déjà dit : pour déterminer les lois de l'ordre social, M. Le Play et ses collaborateurs emploient le procédé dont les physiciens se servent avec tant de succès depuis Bacon pour découvrir les lois de la matière : l'observation et l'induction.

Hâtons-nous de remarquer qu'en préférant cette méthode, la nouvelle école ne prétend nullement en imposer l'usage exclusif à tous ceux qui étudient les questions sociales. Sur ce terrain, il est facile de maintenir un parfait accord entre la déduction qui fait dériver les lois des principes et l'induction qui les tire des faits. La première de ces méthodes n'a donc pas à craindre d'être détrônée par la seconde, comme elle l'a été, il y a trois siècles, dans les sciences physiques. Ici l'induction était l'unique voie par laquelle la science pût atteindre son but; la nature des corps nous étant inconnue par elle-même, c'est par l'observation seulement que nous pouvons arriver à constater les lois qui la régissent. Il n'en est pas de même pour la nature de l'homme. Nous la connaissons suffisamment pour en déduire les rapports nécessaires qui constituent les lois sociales. Il appartient donc à la philosophie, éclairée par la révélation, de fournir aux sciences sociales la solution dernière des problèmes qu'elles examinent; et tant qu'à l'aide de cette double lumière on ne sera pas remonté aux premiers principes, on ne possèdera pas une connaissance vraiment scientifique de la société.

Mais si, à ce point de vue, elle l'emporte sur l'induction expérimentale, la déduction *a priori* est exposée peut-être à de plus grandes chances d'erreurs. Pour peu qu'on se méprenne dans la conception des principes ou qu'on dévie dans le développement des conséquences, on risque d'arriver à des résultats faux et désastreux. N'oublions pas, en effet, qu'il s'agit ici de questions toutes pratiques, où l'erreur a pour effet inévitable la violation des droits et l'abandon des devoirs. Comment préserver la méthode *a priori* des fàcheux écarts dans lesquels il lui est si facile de donner? La méthode expérimentale lui fournit pour cela un précieux contrôle. Les lois sociales n'ont pas, en effet, d'autre but que d'établir et. de maintenir l'ordre dans la société. Donc, l'ordre établi et maintenu sera l'indice constant et infaillible du règne de ces lois, comme le désordre sera la conséquence nécessaire et la preuve manifeste de leur violation. On pourra donc arriver, par l'observation des faits, à constater les lois avec autant de certitude, sinon avec la même évidence, que par l'étude approfondie des principes. Lorsque des preuves multipliées auront permis de discerner les résultats constants des effets passagers nés d'influences accidentelles; lorsqu'on aura vu l'ordre, l'harmonie, le bien-être, partout et toujours produits par tel genre de rapports et troublés par des rapports contraires, on sera en présence de véritables lois sociales, et, pour en trouver la raison *a priori,* il suffira de bien étudier la nature de l'homme et de la société.

On le voit : ces deux méthodes, si elles sont bien appliquées, ne peuvent jamais être en opposition; elles s'appuient au contraire l'une à l'autre. La méthode d'observation n'est sûrement pas infaillible; mais elle a l'avantage de pouvoir se corriger elle-même, en rectifiant par l'examen de nouveaux faits ce qui aurait pu se glisser d'inexact dans ses premières con-clusions. C'est ce qui est arrivé à M. Le Play. Il nous avoue lui-même, avec une louable fran-chise, qu'il n'a pas réussi d'emblée à établir, par l'étude des hommes et des choses, les doc-trines qui devaient être le couronnement de son entreprise. « Il ne suffit pas, dans les sciences d'observation, d'employer une bonne méthode : il faut encore bien l'appliquer. On peut mal observer, et surtout mal conclure, sous l'in-fluence des préjugés ou de l'ignorance ; et j'ai souvent donné contre ces écueils dans les quinze premières années de mes études. Mais j'en ai été aussitôt averti par la critique des autorités que j'ai prises pour arbitres. Je me suis efforcé de rectifier peu à peu mes erreurs en multipliant les observations [1].

« Cette réaction ne s'opéra point sans résis-tance dans mon esprit ; cependant l'évidence des faits ne tarda pas à triompher de mes pré-jugés. Dès que j'eus constaté l'inexactitude de plusieurs opinions au milieu desquelles j'avais été élevé, je m'habituai si bien à subir l'autorité de l'expérience que j'éprouvai bientôt plus de satisfaction à découvrir mes erreurs que je n'en éprouvais précédemment à me croire en posses-

---

1 *La Réforme sociale*, 3e édition, t. I, p. 87.

sion de la vérité[1]. » Une intelligence qui cherche la lumière avec cette droiture ne peut manquer de s'en rapprocher de plus en plus. Aussi chacune des publications de M. Le Play a-t-elle marqué un progrès vers la vérité complète; et si, parmi ses conclusions actuelles, quelques-unes prêtent encore à la discussion, il n'est pas besoin, pour éclairer ces obscurités partielles, de chercher la lumière ailleurs que dans sa méthode elle-même, et dans d'autres conclusions moins contestables auxquelles il a été ultérieurement conduit.

Plus accessible d'ailleurs à la masse des intelligences, cette méthode toute pratique contribuera, bien mieux que les réfutations doctrinales, à détruire la fascination des erreurs révolutionnaires. Lorsque, pour combattre ces erreurs, nous nous avançons armés des dogmes de la foi et des principes éternels de la raison, on se défie de nous et l'on s'éloigne. Il suffit que nous annoncions la résolution de défendre la vérité pour que trop souvent les oreilles se ferment à nos discours. Mais comment se défier d'hommes dont l'unique parti pris est de rechercher, par l'observation des faits, les conditions du bien-être social? Ces hommes sont donc pour

---

1 *La Réforme sociale*, 3e édition, I, p. 65.

nous de très-utiles auxiliaires, qui fraieront la voie à la vérité doctrinale dans bien des intelligences, dont l'accès nous est interdit par d'insurmontables préjugés.

Mais si la méthode d'observation est appelée à rendre de précieux services à la doctrine catholique, celle-ci, d'un autre côté, peut seule combler les lacunes qui tiennent à cette méthode et lui donner pour la réforme sociale l'efficacité dont elle est essentiellement dépourvue. Si attentive qu'elle soit, l'observation des faits ne saurait arriver à en découvrir la raison dernière; elle peut apercevoir le mal, mais il ne lui est pas également facile d'en indiquer la cause, et, par conséquent, elle est fort exposée à se méprendre sur l'efficacité des remèdes. On dit avec raison que la régénération d'une âme n'est pas un moindre miracle que la résurrection d'un mort. La régénération de toute une société est bien autrement difficile. Le Créateur des âmes et des sociétés peut seul accomplir cette œuvre humainement impossible; et c'est dans l'Évangile qu'il a consigné les procédés infaillibles qu'il lui a plu d'employer pour faire ce double miracle. La science catholique, qui part des principes contenus dans ce livre divin pour déterminer les lois des sociétés humaines, est donc assurée de posséder seule l'explication dernière de leurs destinées. Les procédés adoptés légitimement par les autres écoles ne peuvent lui être contraires ; et seule elle peut donner à ces procédés le complément indispensable pour les mettre en état d'atteindre leur but.

Aussi M. Le Play est-il bien éloigné de demander que nous abandonnions la méthode des Suarez et des maîtres de l'école catholique. Et nous, que pouvons-nous craindre du contrôle de l'observation? Si nos principes sont vrais, l'examen des conséquences fera-t-il autre chose qu'en confirmer la certitude? Éclairés par la parole de Celui qui a pétri le limon de la nature humaine, nous sommes assurés d'avance que l'étude attentive de cette nature ne peut qu'apporter une éclatante démonstration à la vérité de nos croyances. Les ennemis déclarés de la société sont aujourd'hui nos seuls adversaires parfaitement logiques ; et tous ceux qui voudront les combattre avec succès seront, bon gré mal gré, contraints d'emprunter à l'Église catholique les seules armes qui puissent leur assurer la victoire. Cette nécessité que Leibnitz ét Grotius sentaient déjà, il y a deux siècles, sans lui obéir complétement, ramenait, il y a cinquante ans, dans le sein de l'unité catholique le plus illustre publiciste protestant de ce

siècle, M. de Haller. L'évidence toujours crois-
sante des faits lui donne chaque jour une nouvelle force et ne peut manquer d'en généraliser
les résultats. La Révolution, en développant
ses influences antisociales, achève de fournir
au monde la plus éclatante et la plus palpable
de toutes les démonstrations évangéliques; et
nous devons par conséquent tenir pour de vrais
apologistes les hommes qui s'emploient avec
sincérité à établir solidement les bases de cette
démonstration. Les lacunes que pourrait encore
contenir leur enseignement ne nous empêche-
ront pas d'accepter le concours qu'ils nous prêtent dans la défense des vérités sociales le plus
vivement combattues de nos jours. C'est à nous
qu'il appartient de combler ces lacunes et de
montrer, soit par nos écrits, soit mieux encore
par nos œuvres, que l'Évangile, interprété et
appliqué par l'Église, est le complément nécessaire du Décalogue et le grand instrument de
réforme sociale. Ne cessons de rappeler aux
peuples que le nom de Jésus-Christ est le seul
dans lequel ils puissent trouver le salut; et ten-
dons la main à tous ceux qui confirment notre
témoignage, alors même qu'ils ne seraient pas
encore prêts à le reproduire dans son intégrité.
Ils sont pour nous, du moment que, sans être
en aucune manière contre nous, ils nous aident

à repousser les attaques de nos communs ennemis.

§ III. APPLICATION DE LA MÉTHODE. — LES AUTORITÉS SOCIALES

M. Le Play mérite donc notre approbation,
soit pour le choix de sa méthode, soit surtout
pour la parfaite bonne foi et la constance infatigable avec lesquelles il en a poursuivi l'application. Il n'avait guère d'autre voie pour se dé-
gager du labyrinthe de préjugés dans lequel son
éducation l'avait enfermé; et, pour en sortir
par ce chemin, il a eu besoin d'un ensemble de
qualités rares dans tous les temps, plus rares
que jamais dans notre siècle. Écoutons-le nous
raconter lui-même ses débuts :

« En quittant les écoles, après la révolution
de 1830, je me trouvai au milieu du mouvement
qui portait les esprits vers l'étude des questions
sociales. Je remarquai surtout l'ardeur avec laquelle certains condisciples propagèrent alors
la doctrine du saint-simonisme, qui dut à leurs
travaux et à leur mérite personnel une certaine
célébrité. Ne pouvant ni partager les convictions
de mes amis, ni démentir l'erreur dans laquelle
ils s'engageaient, je compris qu'en matière de
science sociale les écoles n'offraient aucune méthode qui aidât à distinguer le vrai d'avec le

faux, et suppléât à l'inexpérience de ma jeunesse[1]. »

M. Le Play nous apprend que le doute méthodique lui vint ici très-heureusement en aide ; c'est ce que lui accorderont sans peine les lecteurs les moins favorables au système cartésien ; car, quel qu'en soit le mérite comme théorie universelle de certitude, l'appliquer aux systèmes sociaux, soutenus il y a un demi-siècle dans nos écoles, était aussi opportun que légitime. « Je tins donc pour non avenues, jusqu'à vérification personnelle, les opinions au milieu desquelles j'avais été élevé. Et comme il ne me fut pas possible de me soustraire à certaines convictions, je m'imposai l'obligation de rechercher avec sollicitude les preuves qui semblaient les condamner et de fréquenter les hommes de bien imbus de convictions opposées... Je compris en outre que je ne me rendrais un compte exact des institutions de la France qu'en les rapprochant de celles des pays étrangers, et que, pour embrasser des termes de comparaison suffisants, je devais étendre mes observations à l'ensemble des nations européennes. J'admis enfin, comme règle de mes études, que je devais demander l'exemple du bien aux peuples libres et pros-

---

[1] *La Réforme sociale*, t. I, p. 61.

pères, placés au premier rang par l'opinion, chez lesquels toutes les classes, liées par une solidarité intime, se montrent dévouées au maintien de la paix publique...

« Depuis 1833, j'ai poursuivi l'exécution de mon programme en partageant également mon temps entre la France, but principal de mon entreprise, et les pays étrangers. Et comme mon point de vue se modifiait progressivement par l'observation, j'ai dû vérifier souvent les mêmes faits : c'est ainsi que j'ai revu, au moins à trois reprises, chaque contrée de l'Europe et les régions contiguës de l'Asie[1]. »

Mais comment acquérir, durant une vie d'homme, l'entière connaissance d'un aussi vaste champ d'observations? Comment saisir l'ensemble de cette innombrable multitude de faits qui se produisent journellement au sein de trente nations différentes? M. Le Play a adopté pour atteindre ce but la marche suivie par les géomètres qui explorent un vaste pays dont ils veulent dresser la carte. Il a remarqué que la société humaine n'est pas une surface plane, mais bien un terrain très-inégal, où, à côté de vallées profondes, se dressent des sommets plus ou moins élevés. Pour se faire une

____

[1] *La Réforme sociale*, t. I, p. 62 et 65.

idée exacte de chaque partie et de son rapport avec l'ensemble, il faudra successivement descendre dans les vallées et monter sur les hauteurs ; s'abaisser suffisamment pour acquérir la connaissance exacte des détails, mais s'élever ensuite assez haut pour avoir une vue d'ensemble. De là deux sortes d'études que M. Le Play a poursuivies avec autant de patience que de sagacité : l'observation directe des familles appartenant aux classes inférieures, et la consultation des sommités sociales dans chaque pays.

« Je me suis imposé l'obligation d'étudier moi-même, dans toutes les régions de l'Europe, plus de trois cents familles appartenant aux classes les plus nombreuses de la population. J'ai consacré au moins une semaine, souvent un mois entier, à faire la monographie de chacune d'elles.

« J'ai voulu surtout connaître dans ses détails la vie matérielle, intellectuelle et morale d'une famille type des principales races européennes, et les rapports de toute sorte qui l'unissent aux classes supérieures de la société. J'ai conversé en cinq langues avec la plupart de ces familles. J'ai pu comprendre directement les réponses faites en trois autres langues aux questions posées par des interprètes dressés de longue main à cette pénible tâche[1]. »

Les résultats de cette première enquête ont été consignés par l'infatigable observateur dans les OUVRIERS EUROPÉENS. Ce grand ouvrage contient la description détaillée de la condition matérielle et morale de trente-six familles d'ouvriers établies dans les différentes contrées de l'Europe. La société d'Économie sociale s'est depuis approprié la méthode de M. Le Play, et, dans un recueil en quatre volumes, intitulé : *Les Ouvriers des deux mondes*, elle a mis au jour trente-sept nouvelles monographies qui étendent à l'Asie, à l'Afrique et à l'Amérique les observations bornées précédemment à l'Europe. Pour faciliter l'extension plus grande encore de cette utile enquête, la même société a publié en 1862 un document ayant pour titre : *Instruction sur la méthode d'observation dite des monographies de familles, propre à l'ouvrage intitulé :* LES OUVRIERS EUROPÉENS.

L'observation directe est incontestablement le meilleur moyen d'acquérir la connaissance exacte des faits. On se priverait pourtant d'un secours précieux si l'on négligeait le concours de ceux que leur position plus haute met en état de bien observer et de fournir d'utiles renseignements. M. Le Play l'a bien compris :

[1] *La Réforme sociale*, t. I, p. 66.

« J'ai profité, dit-il, de mes missions et de mes voyages pour me lier avec beaucoup de personnes exerçant des fonctions politiques ou administratives ; et j'ai toujours cherché l'occasion de connaître leurs opinions ou d'observer leur pratique en matière de science sociale... Les étrangers qui affluent à Paris m'ont fourni les moyens de compléter ces études. Chargé en outre d'organiser les expositions universelles de 1855 et de 1867, à Paris, ainsi que la section française de l'exposition de 1862, à Londres, j'ai pu étendre mes observations, en ce qui concerne les opinions et les mœurs des classes aisées, aux parties du monde que je n'avais pas personnellement visitées... En résumé, je me suis efforcé d'accroître par un bon choix de personnes l'efficacité des moyens d'action. J'ai d'abord observé en Europe les diverses formes de la vie privée et de la vie publique, pour me mettre en mesure de poser dans leurs véritables termes les questions sociales. J'ai cherché ensuite à me renseigner sur les opinions que professent à cet égard les hommes les plus compétents de notre époque. Je me suis ainsi aidé du concours d'un millier de personnes choisies à peu près en nombre égal, soit en France, soit dans les pays étrangers [1]. »

1 *La Réforme sociale*, t. I, p. 66, 67 et 80.

En mettant à profit les lumières qu'il trouvait auprès des hommes investis de fonctions politiques ou administratives, M. Le Play s'en est rapporté avec plus de confiance encore à une autre classe d'hommes qui jouent dans son œuvre un très-grand rôle, et qu'il a nommée *les autorités sociales*.

Le discernement de ces autorités est le point saillant et le résultat le plus original de sa méthode. Par ce nom, M. Le Play désigne les hommes qui exercent autour d'eux une influence bienfaisante, dont la source n'est pas dans leur situation officielle, mais uniquement dans leur action personnelle et dans le soin avec lequel ils maintiennent les saines traditions.

« Les principaux foyers de résistance à la corruption se trouvent dans les ateliers des patrons qui, pendant les époques de décadence, conservent fidèlement la coutume des temps de prospérité. Ceux qui ont la richesse, le talent et la vertu nécessaires pour accomplir cette mission, ceux qui, par leur ascendant personnel, contrebalancent l'action corruptrice des gouvernants et des riches oisifs, ces hommes, dis-je, ont tout droit d'être nommés excellemment *les autorités sociales*... Ces autorités, ainsi que j'ai pu le constater dans le cours de longs voyages, se reconnaissent en tous lieux aux mêmes caractères.

Elles gardent religieusement la coutume des ancêtres pour la transmettre aux descendants. Elles sont unies à leurs ouvriers par les liens de l'affection et du respect. Dans toutes les contrées et dans toutes les professions, elles n'ont pas seulement la même pratique, elles résolvent de la même manière les questions de principes qui donnent lieu de nos jours à des discussions sans fin ; et cet accord même est le plus sûr *criterium* de la vérité. Après avoir résisté, mieux que le reste de la nation, à la corruption propagée, aux mauvaises époques, par les gouvernants, elles sont, aux époques de réforme, les meilleures auxiliaires de ces derniers. Les autorités sociales exercent aussi leur influence en dehors de leurs ateliers, et elles occupent toujours un rang élevé dans les associations privées vouées au bien public, dans la paroisse et dans le gouvernement local, lorsque le peuple, jouissant de son libre arbitre, en fait bon usage. Partout au surplus elles sont signalées au voyageur par l'estime et la reconnaissance des populations.

« Les autorités sociales ne se rencontrent pas seulement dans la grande industrie, c'est-à-dire dans les ateliers desservis par de nombreux ouvriers; elles se trouvent également à la tête des petits établissements à familles-souches où l'atelier se confond avec le foyer. Le père, qui est aussi le patron, est associé à un héritier marié dans la maison ; il s'adjoint en outre pour ouvriers les parents célibataires qui s'attachent au foyer des ancêtres, les enfants adultes qui n'ont point encore créé un établissement au dehors avec leur dot, enfin, au besoin, des compagnons et des apprentis admis, sur un pied d'égalité, au sein de la famille, en qualité de domestiques. Le moyen âge, où se trouve l'origine des plus solides institutions de l'époque actuelle, a créé avec un égal succès les autorités sociales des grands et des petits ateliers. Depuis lors, ces types se sont conservés, en se modifiant selon le besoin des temps, lorsqu'ils n'ont point été systématiquement détruits par les tyrannies monarchiques ou populaires. Dans l'agriculture comme dans l'industrie manufacturière, ils abondent chez les peuples où les gouvernants ont respeté les libertés privées et locales... Les autorités sociales qui dirigent les petits ateliers conservent les vieilles traditions de vertu et de frugalité tandis que les autorités plus élevées dans la hiérarchie sociale gardent plus spécialement, avec les sentiments d'honneur, les plus brillantes qualités de la race. Elles seront, les unes et les autres, les auxiliaires de la vraie réforme, si celle-ci ne se fait pas trop attendre, c'est-à-dire si elles n'ont pas été préalablement détruites par l'action dissolvante du Code civil [1]. »

Quand M. Le Play n'aurait fait autre chose que tirer ces autorités sociales de l'obscurité où elles se cachent, et nous mettre sous les yeux le témoignage unanime qu'elles rendent à la nécessité de la religion, nous lui devrions pour cela seul une vive reconnaissance. Bonaparte avait bien saisi l'une des principales maladies de la société moderne quand il parlait des *idéologues* avec tant de mépris. En effet, ce sont leurs utopies qui nous perdent. Depuis un siècle, la France poursuit avec une étonnante obstination des théories que l'expérience ne cesse de démentir. La doctrine catholique, au contraire, a pour elle dix-huit siècles d'épreuve; et voici que M. Le Play suscite de tous les points de l'Europe des témoins d'une irrécusable autorité qui s'accordent à déclarer que le siècle présent dépose également en notre faveur.

Les catholiques seraient mal avisés s'ils ne recueillaient pas avec empressement ce témoignage; mais ils peuvent faire mieux encore : qu'ils prennent part à une enquête dont le résultat doit être aussi utile à la religion qu'à la société, en coopérant à la divulgation de faits

---

[1] *La Réforme sociale*, t. I, p. 20.

qui apportent à notre croyance une puissante confirmation.

Ce genre de travaux entre parfaitement dans la mission du clergé, spécialement chargé de défendre la saine doctrine. Il faut le reconnaître : la masse des esprits, exclusivement préoccupée des intérêts matériels, devient de plus en plus indifférente aux questions doctrinales. Nous serions infidèles à notre mandat, si, renfermant notre zèle dans le petit cercle d'âmes pieuses qui continuent à fréquenter nos temples, nous abandonnions à leur sens réprouvé les masses qui fuient la lumière. Quand Jésus-Christ a envoyé ses apôtres, il ne les a pas chargés d'instruire quelques individus, mais « toutes les nations », les masses par conséquent. Si donc la parole qui tombe du haut des chaires ne leur arrive plus et leur est devenue en quelque sorte inintelligible, c'est pour nous un devoir de les poursuivre dans leur fuite et de leur faire entendre un langage mieux écouté et mieux compris. Il faut aller leur présenter la religion par le côté qui répond le mieux à leurs préoccupations habituelles, et prouver qu'elle ne résout pas avec moins de bonheur les problèmes du temps présent que ceux de l'éternité.

Nous ne prétendons pas sans doute que le prêtre catholique doive cesser de distribuer le pain de la doctrine au troupeau fidèle qui vient de lui-même entourer nos chaires : cette prédication évangélique proprement dite restera toujours notre principal devoir. Mais, après avoir donné nos premiers soins à ces membres de la famille de la foi, n'hésitons pas à aborder sur leur terrain ceux qui s'éloignent du nôtre. Employons, pour les ramener à nous et à Dieu, tous les moyens que l'impiété met en œuvre pour les séduire : les livres, les brochures, les publications périodiques, les conférences dans les cercles ouvriers; et là efforçons-nous de ressaisir les âmes par les questions qui les intéressent, par les faits qui frappent leurs yeux, par les nécessités qui les tourmentent.

Dans sa lettre à Mgr Isoard, M. Le Play cite fort à propos les recommandations adressées par saint François Xavier à l'un de ses collègues dans l'apostolat, qu'il presse de se mettre au courant des idées, des usages, des intérêts même terrestres des peuples auxquels il doit annoncer l'Évangile. Le saint affirme qu'à sainteté égale, le religieux, le prêtre, qui est plus au fait des choses du monde, acquiert plus de crédit que celui qui se renferme dans les intérêts de l'éternité. Ce grand modèle des hommes apostoliques nous donne là une leçon que nous ne saurions trop méditer. Puisque l'apostasie des masses nous a ramenés aux temps du paganisme, nous devons reprendre, en faveur des païens baptisés qui s'excommunient eux-mêmes, ces travaux de *préparation évangélique* par lesquels les anciens Pères s'efforçaient d'attirer à la lumière les peuples enfoncés dans les ténèbres de l'idolâtrie. Or, de toutes les méthodes que nous pouvons employer pour aplanir à ces masses égarées la voie du retour, celle dont M. Le Play nous fournit le modèle n'est sûrement pas la moins efficace. N'est-ce pas à de fausses théories sociales et à une hypocrite préoccupation pour le bien-être des classes populaires que les ennemis de la religion et de la société empruntent leur principale puissance de séduction? S'il en est ainsi, nous ne pouvons mieux les combattre qu'en les attaquant avec leurs propres armes, et en joignant nos efforts à ceux des hommes sincères et courageux qui ont déjà tant fait pour détruire le prestige des idées révolutionnaires. L'œuvre pour laquelle ils réclament notre concours est notre œuvre; et ce n'est que par une flagrante iniquité qu'on nous avait lié les mains pour nous mettre dans l'impuissance d'y travailler. Depuis un siècle, on ne cesse de crier au prêtre qu'il n'a rien à voir aux choses de ce monde; et, sous prétexte d'empêcher la religion d'envahir le domaine de la politique, on a livré la politique et la société tout entière aux ravages de l'irréligion. Les conséquences de cette erreur commencent à en démontrer le danger; et voilà que le sentiment des nécessités sociales amène des laïques de bonne foi à solliciter de nouveau notre coopération. Effrayés par la gravité du mal et reconnaissant qu'il a son siége, non à la surface des institutions, mais dans l'intime des âmes, ils s'adressent à la religion, seule capable d'atteindre ces profondeurs, et ils la conjurent de nous sauver. A l'exemple du divin Rédempteur, qui jamais ne repoussa un semblable appel, l'Église ne refusera pas de faire aujourd'hui pour la société ce qu'elle a fait à d'autres époques. Son amour est le même, et les moyens de régénération que Dieu a mis entre ses mains n'ont rien perdu de leur puissance.

§ IV. DOCTRINE DE CETTE ÉCOLE. — SON POINT DE DÉPART

Notre étude précédente a nettement dessiné la position prise par l'école de la réforme sociale. Sans contester la vérité des théories politiques étrangères à son programme, elle se voue à la défense des doctrines et des institutions sans lesquelles aucun gouvernement n'est possible, et dont tous les partis honnêtes doivent également désirer la restauration. C'est sur ce terrain qu'elle convoque les hommes chez lesquels l'esprit de secte n'a pas étouffé le patriotisme et l'instinct même de leur conservation. Elle les presse de ne pas demeurer plus longtemps renfermés dans l'arène où les parties se livrent, depuis un siècle, de stériles combats ; elle les ramène à l'origine de nos dissensions, à cette date fatale de 89, qui devait commencer pour la France et pour le monde une ère de régénération, et qui a malheureusement inauguré une période de bouleversements et de ruines. La société politique se trouvait alors dans une situation analogue à celle où s'était trouvée la société religieuse au moment où parut le protestantisme : le besoin de réforme était universellement senti et hautement exprimé ; mais la vivacité de ce désir a été criminellement exploitée, au XVIIIe siècle comme au XVIe, par des lettrés dissolus et des sophistes pervers ; et au lieu du fécond renouvellement que tous espéraient, nous avons eu la Révolution désastreuse qui a conduit la France à deux doigts de sa perte.

Nous avons fait fausse route : il faut donc revenir au point de départ, et nous efforcer d'accomplir aujourd'hui la réforme qui aurait dû être opérée, il y a un siècle. La Révolution n'a fait de cette œuvre que la partie négative : elle a détruit quelques-uns des abus de l'ancien régime; mais en même temps elle a renversé les institutions vitales indispensables à tous les régimes; et, par là même, elle a substitué aux abus qu'elle supprimait des désordres incomparablement plus radicaux. Rétablissons ce qu'elle n'aurait pas dû détruire, sans relever ce qui méritait de tomber; et, pour faire un choix entre les deux genres d'institutions, entre celles qu'il faut livrer à la mort et celles auxquelles il faut demander la vie, prenons l'expérience pour guide. Nous ne pouvons malheureusement encore nous accorder sur les principes; et pourtant nous sentons la nécessité de faire trêve à nos divisions, pour échapper à une complète ruine. Qu'est-ce qui peut nous empêcher de nous unir dans l'étude consciencieuse des faits? Puisque la nature de l'homme n'est pas moins immuable que celle des autres parties de l'univers, puisque l'homme moderne ne diffère point de l'homme d'autrefois, dans ses facultés constitutives et ses essentielles aspirations, ne soyons pas insensés au point de vouloir tout refaire à nouveau; et, pour éclairer nos progrès dans le présent, servons-nous des lumières que nous a léguées le passé.

Telle est l'invitation adressée à tous les hommes

de bonne volonté par le fondateur de l'école de la réforme sociale.

Cette invitation a été entendue; de tous les points de l'horizon politique sont venus des ouvriers de bonne volonté pour coopérer à la grande œuvre. Déjà des travaux importants ont été accomplis, et l'école est en possession d'une doctrine que nous désirons faire connaître à nos lecteurs.

Avant de mettre la main à la réforme, il fallait discerner les causes de notre décadence. Le premier talent du médecin est la sûreté du coup d'œil qui le met en état de bien établir le diagnostic de la maladie, de caractériser les symptômes morbides, de les rapporter à leurs divers principes, et de constater ainsi la nature précise de la perturbation que subit l'organisme. M. Le Play a fait servir à l'étude de la contagion révolutionnaire ce talent qu'il possède à un degré éminent. Aussi, pour avoir le diagnostic complet de cette dangereuse maladie, nous suffira-t-il de résumer les observations répandues dans les diverses publications relatives à la réforme sociale.

§ V. CONSTATATION DU MAL. — MENSONGES DE LA RÉVOLUTION

C'est dans son *Organisation du travail*, le plus lumineux de ses ouvrages, que M. Le Play caractérise avec une plus grande précision le mal qui ronge la société moderne. Il y dresse le bilan de la Révolution avec d'autant plus d'autorité qu'il est impossible de soupçonner en lui le moindre penchant au pessimisme. Mensonge et ruine, voilà le double résultat de l'examen attentif auquel l'illustre publiciste soumet les théories inventées durant cette époque néfaste et les efforts immenses accomplis pour les réaliser; mensonge dans les idées, ruine dans les institutions.

Il n'est rien qu'il ne nous fût permis d'espérer pour la France, si cette partie de l'œuvre de M. Le Play était plus généralement connue. Sauf quelques esprits complétement pervers, les hommes ne se perdent point parce qu'ils haïssent la vérité, mais parce qu'ils subissent la fascination de l'erreur. La Révolution qui, depuis un siècle, désorganise la France et l'Europe, est redevable de son funeste pouvoir à quelques idées fausses qu'elle est parvenue à faire pénétrer dans les esprits, et que d'affreux désastres n'ont pu encore en arracher. Quatre ou

cinq mots dont elle a perverti le sens lui ont suffi
pour bouleverser le monde. Son règne ne finira
donc que lorsque l'esprit public aura reconnu
les pernicieuses erreurs cachées sous ces spécieuses formules. Nul n'a plus fait que M. Le
Play pour remplir cette condition première de
notre régénération. Il saisit l'une après l'autre
chacune de ces formules ambiguës que le sphinx
révolutionnaire propose aux peuples, comme
des énigmes, dont la solution doit les mettre en
possession des plus riches trésors. Liberté,
égalité, démocratie, civilisation et progrès, ces
mots qui, pour la plupart de nos contemporains, remplacent les articles du symbole et les
préceptes du Décalogue, M. Le Play les analyse,
et distingue le sens vrai et bienfaisant que le
Christianisme avait réalisé, du sens faux et funeste que lui a substitué la Révolution.

§ VI. LA LIBERTÉ RÉVOLUTIONNAIRE. — PREMIER MENSONGE

La liberté d'abord : ce mot a été le talisman
de la Révolution. Bossuet nous avait révélé, un
siècle à l'avance, le secret de la prodigieuse puissance que de méprisables sophistes devaient
acquérir au sein du peuple réputé le plus éclairé
du monde. « Quand une fois on a trouvé le moyen
de prendre la multitude par l'appât de la liberté,

elle suit en aveugle, pourvu qu'elle en entende seulement le nom. » Si la crédulité humaine avait des bornes, il eût suffi d'éventer une aussi grossière tromperie pour lui ôter son prestige; mais non : malgré les avertissements des sages, malgré l'enseignement bien plus frappant du malheur, tous les charlatans qui ont promis au peuple la liberté ont reçu de lui plein pouvoir pour réaliser leurs décevantes théories.

L'expérience est donc complète; et nous pouvons apprécier au juste la valeur de la liberté révolutiônnaire. Il suffit de l'examiner dans son idée d'abord et ensuite dans ses résultats, pour se convaincre avec M. Le Play que la liberté révolutionnaire renferme un double mensonge.

Mensonge dans son idée d'abord : car là liberté véritable ne peut être possédée par chacun des membres de la société qu'au moyen des entraves imposées à la liberté des autres membres. Je n'use librement de mes droits qu'autant que les autres ne sont pas libres de les violer. Donc, l'unique moyen d'établir et de conserver la liberté est le maintien des entraves qu'impose à chacun le respect des droits sociaux; mais lorsque, « sans définir le mot liberté, on l'emploie pour caractériser un nouveau système social, sans mentionner ces entraves nécessaires, on fait miroiter aux yeux des populations les charmes d'une indépendance sans limites et l'on propage une idée aussi fausse que dangereuse... A vrai dire, le plus parfait état de liberté n'est qu'un régime *de contrainte morale*[1]. »

Après avoir faussé dans les esprits la notion de la liberté, la Révolution ne pouvait manquer d'en détruire la réalité dans les institutions. Elle a fait pis : elle l'a rendue impossible en supprimant la contrainte morale qui en est la condition essentielle. Elle a leurré les masses, en leur accordant, pour la constitution du pouvoir central, un droit de suffrage qui est illusoire lorsqu'il n'est pas funeste[2], et en même temps elle les a privées des droits qu'elles pouvaient le mieux exercer et des libertés privées et locales qui avaient pour elles le plus de prix. En comparant l'organisation de la France moderne affranchie par la Révolution avec celle de la France féodale, en la confrontant avec la condition des classes populaires dans les États réputés les moins libres, M. Le Play démontre qu'au point de vue de la vraie liberté nous sommes placés à un degré bien inférieur de l'échelle. Oui, souffrons qu'on nous le dise : la Turquie et la Russie sont, sous certains rapports, plus libres que nous. Dans l'empire turc, les chrétiens ont con-

---

[1] *L'Organisation du travail*, § 57. = [2] *Ibid.*, § 37, n. 1.

servé, sous le gouvernement des successeurs de Mahomet, des libertés privées et locales que l'Occident pourrait envier. Les communes rurales de la Russie possèdent également une autonomie que la centralisation révolutionnaire nous a ravie [1]. Durant ces siècles si décriés du moyen âge, où l'histoire, telle qu'on l'écrivait depuis trois cents ans, ne nous montrait que tyrannie d'un côté et abjecte servitude de l'autre, les documents authentiques mis récemment en lumière nous révèlent une harmonie, un bien-être, des garanties et des libertés que nous ne connaissons plus.

Dès le xie siècle le servage avait disparu de nos campagnes. A partir de cette époque, il subsiste bien encore quelques redevances et quelques services personnels ; mais le plus grand nombre est attaché à la jouissance de la terre, et le paysan les acquitte sans répugnance ; il sait qu'elles sont le prix de la terre qui nourrit sa famille ; il sait aussi qu'il peut compter sur l'aide et la protection de son seigneur [2]. Les familles étaient alors organisées dans la majeure partie de la France selon les deux meilleurs

---

1 *L'Organisation du travail*, § 8. = 2 M. Léopold Delisle : *Études sur la condition de la classe agricole en Normandie, au moyen âge.* M. Le Play, qui cite ce témoignage (*L'Organisation du travail*, § 14, n. 9), ajoute : « Les savants qui ont étudié l'ancienne condition des paysans, sans se laisser égarer par les passions politiques de notre temps, sont arrivés à la même conclusion. »

types, et elles jouissaient dans la hiérarchie féodale d'une indépendance que les familles de notre temps seraient heureuses de posséder devant les offices ministériels, le fisc et la bureaucratie. Les moindres communes avaient alors une autonomie vers laquelle nos cités n'oseraient aujourd'hui élever leurs pensées dans leurs plus vives revendications [1].

§ VII. L'ÉGALITÉ RÉVOLUTIONNAIRE. — DEUXIÈME MENSONGE

En nous enlevant cette liberté, la Révolution nous a-t-elle au moins donné en échange l'égalité? C'est ce qu'on se persuade assez généralement; et M. de Tocqueville n'a pas peu contribué à faire pénétrer cette persuasion dans les esprits. Selon lui, il y aurait entre le peuple français et le peuple anglais cette différence, que le premier est beaucoup plus avide d'égalité que de liberté, tandis que le second préfère de beaucoup les douceurs pratiques de la liberté aux satisfactions plus idéales de l'égalité. C'est en flattant notre haine des priviléges que la Révolution est parvenue à nous faire sacrifier nos plus précieuses franchises. Aussi, depuis le commencement de l'ère de la liberté, avons-nous subi sans résistance plusieurs gouvernements despotiques, tandis que nous n'avons jamais

---

[1] *L'Organisation du travail*, § 14.

consenti au rétablissement d'une aristocratie héréditaire.

M. Le Play n'accepte dans aucune de ses parties la théorie de M. de Tocqueville. Il nie que, en fait, la France soit aussi entichée qu'on le prétend de l'égalité. Il nie surtout que la haine des inégalités doive être acceptée, soit comme un droit, soit même comme une nécessité fatale; il y voit, au contraire, une des plaies les plus profondes que nous ait faites la Révolution, un des obstacles les plus sérieux à la réforme sociale.

Il déclare d'abord que ses recherches n'ont confirmé en aucune manière l'opinion de M. de Tocqueville sur la répugnance de notre race pour les distinctions. Entre autres preuves du peu de cas que nous faisons de l'égalité même la plus légitime, il nous rappelle l'exemption des tribunaux ordinaires longtemps accordée aux fonctionnaires administratifs, c'est-à-dire à la classe de citoyens la plus exposée aux abus de pouvoir. A peine avait-on aboli pour les autres classes et pour le clergé lui-même les juridictions spéciales, qu'on créait cette exemption en faveur de l'aristocratie nouvelle, de la bureaucratie; et on la maintenait sous tous les régimes, en dépit de l'autorité de plusieurs jurisconsultes éminents qui la déclaraient abolie par la charte de 1814. Si elle a été enfin supprimée par le gouvernement révolutionnaire du 4 septembre, cette réforme a été moins commandée par les exigences de l'opinion qu'inspirée par les rancunes politiques.

La Révolution n'a donc pas créé l'égalité; et l'on ne saurait lui en faire un reproche, puisque l'égalité est impossible; mais, en la proclaman comme un principe, elle a fait naître dans les cœurs une haine des distinctions aussi contraire aux lois de la nature qu'aux intérêts de la société. Si les peuples modernes se bornaient à reconnaître l'égalité des citoyens devant Dieu, devant la patrie et devant l'impôt, ils ne feraient qu'imiter la nature, qui donne à tous les hommes une même fin et des facultés communes; mais si l'égalité va jusqu'à la suppression de toute hiérarchie, elle contredit une des lois universelles du monde et l'une des nécessités sociales que les peuples prospères ont toujours respectée.

Dans l'ordre naturel, l'inégalité se montre partout. Elle caractérise en quelque sorte les principaux éléments de la vie physique. Elle apparaît avec évidence dans les trois termes de l'unité sociale, le père, la mère et l'enfant. Elle se révèle en outre dans les familles fécondes, par l'extrême diversité d'aptitudes qui règne entre les enfants issus des mêmes parents... Aussi les peuples prospères maintiennent fermement l'inégalité dans tous les cas où celle-ci sauvegarde l'ordre moral, les justes aspirations de la conscience et les autres intérêts généraux de la société. Au nombre des inégalités nécessaires, ils placent en première ligne : dans la vie privée, l'ascendant du prêtre et du père de famille, la suprématie du maître chargé de l'enseignement de la jeunesse et le patronage du chef d'atelier ; dans la vie publique, une forte hiérarchie fondée sur la richesse, le talent et la vertu [1].

Aussi M. Le Play n'hésite-t-il pas à voir dans cette haine des supériorités une des causes principales de notre décadence. « L'abaissement actuel des Français devant les peuples qu'ils ont longtemps surpassés, dit-il, résulte précisément de leur tendance à méconnaître les supériorités sociales, à niveler leur race, en détruisant tout ce qui l'élevait et l'honorait autrefois... Si une réaction énergique ne se produit pas dans les esprits, cet abaissement n'aura d'autre limite que la dégradation absolue de notre race et la ruine complète de notre nationalité. »

[1] *L'Organisation du travail*, § 59.

VIII. LA DÉMOCRATIE RÉVOLUTIONNAIRE. — TROISIÈME MENSONGE

Mais, pour que cette réaction se produise, il faudra nous désabuser d'une autre illusion aussi générale et aussi funeste que les précédentes, de celle qui s'attache au mot démocratie.

Sous ce nom, emprunté aux Grecs, sans que les Grecs aient jamais eu l'idée que nous y attachons, la Révolution travaille à faire prévaloir un régime monstrueux, dont le principe fondamental serait l'abaissement de toute supériorité. Proudhon l'a parfaitement défini dans sa *Révolution sociale*, quand il a dit : « La démocratie, c'est l'envie ! » Déjà nous pouvons apprécier les beaux résultats de ce régime. Nous voyons l'usage que font de leur pouvoir les peuples qu'il a investis de la souveraineté. L'excellence du mérite, loin d'être à leurs yeux un titre pour l'acquisition des fonctions publiques dépendantes du suffrage populaire, est au contraire un motif d'exclusion. M. de Tocqueville affirme qu'il en est ainsi, même en Amérique, au sein de cette démocratie qu'il nous présente comme le type auquel les nations européennes sont fatalement destinées à se conformer. « Tandis que les instincts naturels de la démocratie portent le

peuple à écarter du pouvoir les hommes distin-
gués, un instinct non moins fort porte ceux-ci à
s'éloigner de la carrière politique, où il leur est
si difficile de rester complétement eux-mêmes
et de marcher sans s'avilir[1]. » M. Le Play fait
très-justement remarquer que, si telles sont les
tendances naturelles de la démocratie, on ne
peut vouer les sociétés de l'avenir à cette forme
de gouvernement sans les condamner à une irrémédiable décadence. « Il est évident, en effet,
que les peuples ne sauraient prospérer qu'en
attribuant l'influence au talent et à la vertu ; »
et il n'est pas moins évident qu'ils ne sauraient
manquer de déchoir s'ils rabaissent les supériorités, au lieu de se laisser élever par elles.

M. Le Play proteste donc de toutes ses forces
contre ces destinées fatales attribuées par M. de
Tocqueville à la démocratie ; et, tout en accordant des éloges mérités aux observations généralement justes de l'auteur de la *Démocratie en
Amérique*, il blâme sévèrement la conclusion
erronée qui en est déduite, en faveur d'une organisation sans racines dans le passé et sans
garanties sérieuses dans le présent.

M. Le Play prouve d'abord que la démocratie,
telle que nous l'entendons aujourd'hui, n'a ja-

---

[1] A. de Tocqueville : *De la démocratie en Amérique*, t. I,
c. XIII, cité par M. Le Play : *L'Organisation du travail*, § 60, n. 26.

mais existé dans l'antiquité. Loin d'être admises au partage des droits civils, les masses étaient alors réduites en esclavage. Les hommes libres constituaient donc une véritable aristocratie; et parmi eux, les seuls habitants des villes prenaient part au gouvernement. Ainsi, chez les Spartiates, à une époque de prospérité, sur une population totale de 476,000 personnes, on comptait 320,000 ilotes, et 120,000 personnes de condition libre disséminées dans la campagne. Le pouvoir dirigeant n'était exercé en fait que par 9,000 familles, composées en tout de 36,000 personnes[1].

Il est également faux que les États-Unis d'Amérique aient été d'abord constitués démocratiquement. Les premiers fondateurs de l'Union n'ont rien changé à l'organisation intérieure des divers États, et celui d'entre eux qui manifesta le plus de penchant pour la démocratie, Jefferson, motivait ses préférences pour cette forme de gouvernement sur ce qu'il croyait y voir le meilleur moyen de mettre au pouvoir les supériorités naturelles. Il écrivait de Paris, aux premiers temps de notre Révolution :

Je considère l'aristocratie naturelle comme le don le plus précieux que nous fasse la nature, pour

____

[1] *L'Organisation du travail,* § 60, n. 9.

l'instruction de la société, pour la direction et le maniement de ses affaires... La meilleure forme du gouvernement est celle qui pourvoit avec efficacité à ce que les fonctions publiques soient exclusivement confiées à ces *aristoï* naturels...

Je crois que le meilleur remède est de laisser aux citoyens le soin de séparer par des élections libres les *aristoï* des *pseudo-aristoï*... Les hommes de nos États peuvent avec sécurité se réserver à eux-mêmes un contrôle salutaire sur les affaires publiques, et un degré de liberté qui, dans les mains de la *canaille* des villes d'Europe, serait bientôt employé à la destruction des intérêts publics [1].

L'expérience a complétement démenti les prévisions de Jefferson. Elle a démontré que, même en Amérique, et plus souvent encore en France, le régime démocratique tend à écarter les supériorités naturelles, pour faire prévaloir les hommes dont l'unique mérite est l'art de flatter les plus basses passions des multitudes. Ce ne sont pas les *aristoï* ni même les *pseudo-aristoï*, c'est la *canaille* qui recueille les bénéfices de ce régime, et qui profite largement de la liberté qu'il lui donne pour détruire les intérêts publics. Ce que nous voyons de nos yeux ne confirme que trop le témoignage de M. de Tocque-

[1] *Conseils-Mélanges politiques de Jefferson*, t. II, p. 220-223, cité par M. Le Play : *L'Union de la paix sociale*, n. 4, p. 28.

ville. Donc nous pouvons nous appuyer sur l'autorité du démocrate le plus ardent parmi les fondateurs de l'Union américaine, pour affirmer que la démocratie est la pire de toutes les formes de gouvernement.

§ IX. LE PROGRÈS RÉVOLUTIONNAIRE. — QUATRIÈME MENSONGE

Le mot de progrès est une autre de ces expressions spécieuses sous l'éclat desquelles la Révolution a caché ses funestes mensonges. Prenant le nom pour la chose, les peuples modernes se persuadent qu'ils ont laissé bien en arrière les générations sur lesquelles le soleil de 89 ne s'était pas levé ; et ils considèrent leur progrès non-seulement comme un fait incontestable, mais comme une loi nécessaire.

M. Le Play prouve parfaitement que ce progrès n'est ni un fait ni une loi. Il montre tout ce qu'il y a d'absurde dans la croyance si répandue, parmi nos libres penseurs révolutionnaires, à une force occulte, à un aveugle destin, qui grandirait les nations, comme la circulation du sang anime le corps humain… La fausseté de cette conception est péremptoirement démontrée par l'état actuel de nations qui, après avoir brillé au premier rang, ont successivement perdu, avec l'ordre moral, toutes leurs éminentes aptitudes.

Le dogme du progrès fatal et indéfini est donc aussi manifestement démenti par l'histoire qu'il est hautement réprouvé par la raison. Mais ne devons-nous pas au moins reconnaître comme un fait les immenses progrès des peuples modernes?

La machine à vapeur; les machines peignant, tissant et filant les matières textiles; les machines à façonner le bois, le cuir et les métaux; les machines servant à labourer le sol, à récolter et à mettre en œuvre les produits agricoles; l'emploi de la houille en métallurgie, le bateau à vapeur, le chemin de fer, le télégraphe électrique et les nombreuses innovations qui découlent de ces inventions premières, ne sont-ce pas là des progrès bien réels? En réduisant dans une proportion inespérée les frais de production et en développant la demande de bras, ces découvertes ont singulièrement accru les moyens de bien-être des populations. D'un autre côté, on a acquis une connaissance plus approfondie des faits matériels, et on s'est mieux rendu compte des lois générales qui les régissent. Enfin, le domaine des sciences physiques s'est considérablement agrandi, et il a fourni de nouvelles forces à l'esprit humain [1].

Il est incontestable que ce sont là autant de

---

1 *La Réforme sociale*, Introduction, § 2.

progrès partiels et relatifs ; mais la question est de savoir s'ils nous autorisent à affirmer, dans un sens général et absolu, le progrès des peuples modernes. Nous n'aurions certainement pas ce droit si la société n'avait acquis les avantages matériels dont elle est si fière, qu'aux dépens de son perfectionnement moral. Or il suffit d'ouvrir les yeux pour nous convaincre que nous avons été victimes de cette grossière illusion. En poursuivant le faux progrès que la Révolution faisait miroiter devant nos yeux, nous nous sommes condamnés à une honteuse décadence. L'auteur de *la Réforme sociale* s'accorde parfaitement sur ce point avec le grand orateur qui a si éloquemment développé cette thèse du haut de la chaire de Notre-Dame.

Les enseignements de l'histoire et l'observation des sociétés contemporaines réfutent la doctrine qui considère le perfectionnement des mœurs comme intimement uni à celui de la science et de l'art. J'aurai même l'occasion de constater, dans le cours de cet ouvrage, que le progrès matériel, en échange de beaucoup d'avantages, est habituellement une source de désordres. Le développement de l'art et du travail a pour conséquence immédiate un accroissement de richesse, qui lui-même engendre bientôt la corruption, s'il n'a pour contre-poids une pratique plus assidue de la loi morale [1].

---

[1] *La Réforme sociale*, Introduction, § 2.

Et ce serait une grave erreur que de compter sur la science pour remédier à cette corruption.

Loin de guérir les maux provenant du désordre moral, une application trop absolue aux sciences physiques peut quelquefois les aggraver. L'importance même attachée, de notre temps, aux découvertes scientifiques, aux applications qu'en tirent les arts usuels, a fait perdre de vue les avantages obtenus par la culture des vérités morales et les catastrophes qui ont invariablement suivi l'oubli de ces mêmes vérités [1].

§ X. LA CIVILISATION RÉVOLUTIONNAIRE. — CINQUIÈME MENSONGE

Voilà donc à quoi se réduit cette *civilisation moderne* dont les panégyristes à gages de la Révolution font sonner si haut les gloires incomparables : progrès matériel et décadence morale : développement rapide de la partie inférieure du corps social et diminution plus rapide encore des facultés supérieures.

Aussi M. Le Play, amené par la nécessité de son sujet à diviser l'histoire de France en six grandes époques, dont trois sont des périodes de prospérité et trois des périodes de décadence, assigne-t-il à l'ère révolutionnaire une place peu

---

[1] *La Réforme sociale,* Introduction, § 2.

en harmonie avec les prétentions de ceux qui veulent y voir l'ère de la régénération de l'humanité. Il la met à la suite de la période de décadence que Louis XIV a inaugurée lorsque, enivré par le succès, il a cru pouvoir se mettre au-dessus des lois divines et humaines. La monarchie a commencé alors à faire passer dans les classes supérieures cette corruption morale et ce mépris des traditions que les lettrés ont propagés au sein de la bourgeoisie, et que la Révolution a fait descendre jusque dans les classes inférieures.

M. Le Play va nous décrire la dernière phase de ce progrès à rebours.

Les assemblées révolutionnaires qui envahirent progressivement l'autorité souveraine furent encore plus impuissantes à constituer un gouvernement régulier : car tous les éléments d'organisation leur faisaient à la fois défaut. A mesure qu'elles s'avançaient dans les voies de la violence, elles furent conduites fatalement à s'appuyer sur les individualités les moins estimables… ; on vit de plus en plus dominer les hommes violents, habiles à soulever dans la rue les passions populaires et à intimider dans le parlement ces pusillanimes majorités qui autorisaient la violation de toutes les lois.

Le gouvernement de la Terreur fut le terme extrême de ce mouvement. Il propagea dans la masse entière de la nation les vices et les erreurs

qui, sous la monarchie, avaient été inculqués seulement aux classes dirigeantes. Il introduisit dans les
classes vouées aux travaux manuels une corruption
qui n'a cessé de croître, en s'alliant à la perte des
notions fondamentales de la vérité, et qui semble
ramener certaines populations aux sentiments de la
vie sauvage. Par les lois qui pèsent encore sur la
France actuelle, il détruisit le respect de Dieu, du
père et de la femme ; puis, comme conséquence immédiate, il fit tomber en désuétude les préceptes du
Décalogue et la coutume des ateliers. Il domina la
raison par la force brutable, en exagérant jusqu'à
l'absurde la notion de l'égalité... Enfin, il ouvrit
pour longtemps l'ère des révolutions, en excitant la
nation française à chercher, sous une nouvelle forme,
la pierre philosophale... Les institutions privées qui
datent de cette triste époque semblent être conçues
en vue d'une société où chacun aurait le droit de
jouir de tous les avantages sociaux, sans être tenu
de remplir aucun devoir envers le foyer, l'atelier et
le gouvernement local. Mais, en même temps, les
institutions publiques tendent à entraver, par l'im-
mixtion de l'État, les plus légitimes exigences de
l'intérêt local et de la vie privée... L'ancien régime
était tombé dans le mépris, en abusant de l'autorité ; la Révolution, en s'appuyant sur la violence,
n'a pas toujours corrigé les abus : souvent elle a
aggravé le mal et détruit le bien qui subsistait. Il
résulte de là que, sur plusieurs points essentiels,
la société actuelle offre à la fois les vices de l'ancien
régime et ceux de la Révolution [1].

---

[1] *L'Organisation du travail*, § 17.

La voilà donc, cette civilisation moderne dont chaque jour des milliers de journaux vantent à leurs lecteurs abusés les bienfaits et l'excellence; la voilà telle que la Révolution nous l'a faite. Un juge dont l'impartialité est au-dessus de tout soupçon, en l'examinant à la double clarté du bon sens et de l'histoire, affirme qu'elle n'est pas autre chose que la décadence dans la décadence; et la justice de ce verdict va nous être démontrée par l'étude attentive des divers rapports dont l'harmonie constitue une civilisation véritable.

Nous venons de constater les mensonges dont la Révolution obscurcit les intelligences; il nous reste à examiner les ruines qu'elle accumule dans les institutions.

FIN DE LA PREMIÈRE PARTIE

LA BIBLIOTHÈQUE

DE

L'UNION DE LA PAIX SOCIALE

(Voir, pour plus de détails, la 2e partie de l'ouvrage.)

1re SECTION. Ouvrages de M. F. Le Play qui, en appliquant la Méthode à l'étude des *Familles*, ont préparé l'étude des *Sociétés*.

Les Ouvriers européens, Ouvrage couronné en 1856 par l'Académie des sciences de Paris. Épuisé depuis 1856. — 1 vol. in-folio ; Imprimerie impériale. — Prix d'émission, 60 fr. — Prix actuel aux ventes publiques..................... 130 fr.

Les Ouvriers des deux mondes. — 4 vol. in-8º (1858 à 1863). — 1re partie du tome V (1875). — Prix du vol........................... 10 fr.

Instruction sur la Méthode d'observation. — 1 brochure in-8º. — Prix......... 1 fr.

Bulletin des séances de la société d'Économie sociale. — 4 vol. in-8º (1866 à 1875). — Prix du volume............................... 8 fr.

2e SECTION. Ouvrages de M. F. Le Play qui ont préparé l'*Union* et qui en propagent les travaux.

La Réforme sociale. — 3 vol. in-18; 5e édition (1874). — Prix........................ 7 fr.

L'Organisation du travail. — 1 vol. in-18 ; 3ᵉ édition (1871). — Prix.................. 2 fr.

L'Organisation de la famille. — 4 vol. in-18 ; 2ᵉ édition (1875). — Prix........... 2 fr.

Introduction à la Paix sociale. — 1 brochure in-18 ; 1ʳᵉ édition, 1871, prix 30 cent. — 2ᵉ édition augmentée (sous presse). — Prix... 50 cent.

Correspondances sur l'Union de la Paix sociale. — Huit brochures in-18 (nᵒˢ 1 à 8). — Prix de chaque brochure........ 30 cent.

Nᵒ 1. L'Urgence de l'Union en France. — Nᵒ 2. L'Accord des partis politiques. — Nᵒ 3. Le Retour au vrai et le Rôle du clergé. — Nᵒ 4. La Question sociale et l'Assemblée. — Nᵒ 5. Les Principes et les Moyens du Salut. — Nᵒ 6. La Presse périodique et la Méthode. — Nᵒ 7. Prélude aux Unions nationales et locales. — Nᵒ 8. La Méthode expérimentale et la Loi divine.

3ᵉ SECTION. Publications du Comité d'Union de Paris.

1ʳᵉ Livraison. — Programme et liste des Membres, au 15 décembre 1874. — 1 br. in-18 ; 2ᵉ édition. — Prix..................... 30 cent.

La Constitution de l'Angleterre, par MM. F. Le Play et A. Delaire. — 2 vol. in-18. (Sous presse.)

Annuaire de 1875 (sous presse).

. LA BIBLIOTHÈQUE ANNEXÉE

Ouvrages publiés pour seconder l'œuvre de l'Union.

Cte DE BOUSIES : *La Liberté testamentaire en France.* — Mons, 1871. — Prix : 1 fr. = Cte DE BREDA : *La Loi de Dieu et les Règlements sociaux.* — Paris, 1872. — Prix : 30 cent. = E. DEMOLINS : *Le Mouvement communal et municipal au moyen âge.* — Paris, 1875. — Prix : 3 fr. = CLAUDIO JANNET : *Les Résultats du Partage forcé des successions en Provence.* — Paris, 1871. — Prix : 1 fr. = A. DE MOREAU D'ANDOY : *Le Testament selon la pratique des familles stables et prospères.* — Namur, 1873. — Prix : 3 fr. = CH. DE RIBBE : *Les Familles et la Société en France avant la Révolution.* — 2º édition. Paris, 1874 ; 2 vol. — Prix : 6 fr.

AVIS AUX LIBRAIRES

L'Auteur et les Éditeurs, voulant propager le plus possible les vérités de la science sociale, ont renoncé à tout profit et fixé au plus bas les prix de vente indiqués ci-dessus dans les trois sections de la Bibliothèque. Les Éditeurs accordent, en outre, des conditions exceptionnelles aux libraires qui se dévouent à cette propagande et s'engagent, tout au moins, à tenir un exemplaire des ouvrages disponibles et l'affiche correspondante constamment exposés à la vue du public.

5245. — Tours, impr. Mame.